AF253798

L b 48 122

LE MARÉCHAL BRUNE A AVIGNON

EN 1815.

LE MARÉCHAL

BRUNE

A AVIGNON

EN 1815.

PAR LE GÉNÉRAL LAMBOT.

PARIS,

CHEZ A. POUGINS, LIBRAIRE,

QUAI DES AUGUSTINS, 49.

1840.

Brignoles, Imprimerie et Lithographie de Perreymond-Dufort.

A MONSIEUR

ALEXANDRE DUMAS,

Au sujet de plusieurs Articles publiés par lui, sous le titre **D'IMPRESSIONS DE VOYAGES**, *et relatifs aux évé-nements d'Avignon, en 1815.*[*]

Carcès, le 25 Septembre 1840.

MONSIEUR,

JE vivais retiré en Provence, au sein de ma famille, lorsque, dans le mois de février 1835, je reçus de Paris un avis qui m'annonçait que vous alliez publier, au sujet des événements d'Avignon en 1815, un ouvrage dans lequel j'étais maltraité.

Ayant été poursuivi pendant tant d'années par des calomnies sourdes et qui ne se montraient jamais au jour, je remerciai le ciel de l'espoir d'avoir enfin à qui répondre. Je partis sur le champ pour Paris, ne doutant pas qu'attaqué par la presse, je me défendrai victorieusement par la presse.

[*] Voir les feuilletons du journal le *Siècle*, des 15, 16 et 17 mai 1840.

Je demeurai assez long-temps à Paris, j'y retournai l'hiver suivant et n'entendis pas parler de cette publication.

Des relations de société me firent faire la connaissance de Madame la duchesse d'Abrantès, et j'appris plus tard, par ses amis, qu'elle avait travaillé en même temps que vous et quelques autres personnes dévouées à la famille Brune, à recueillir les renseignements nécessaires pour publier l'historique du tragique événement, et que dans sa société on s'était beaucoup occupé de cette affaire.

Si Madame d'Abrantès ne m'avait pas vu avant de mettre au jour ses mémoires , elle aurait peut-être raconté l'assassinat du maréchal Brune sous les seules impressions de son affection pour la famille du maréchal, et de son horreur pour ceux qu'elle considérait comme ses ennemis. Lorsqu'elle put juger par elle-même à quel point elle avait été trompée surtout à mon égard, et qu'elle eût à écrire cette triste page , elle réfléchit sérieusement ; son dessein étant d'écrire l'histoire et non un roman ou un libelle.

Elle me demanda des renseignements que je m'empressai de lui donner , dans l'intérêt de

la vérité ; elle prit connaissance de beaucoup
de pièces officielles, elle écrivit à Avignon et
fit tout ce qu'elle pût pour être éclairée. Ses
documents rassemblés de sources diverses et
la rapidité avec laquelle on sait que cette dame
écrivait , lui ont fait commettre quelques inexactitudes , mais le fond de son récit est exact
et beaucoup de détails le sont également. C'est
dans tous les cas une œuvre consciencieuse.

J'avais pensé, Monsieur , que vous aviez
renoncé à publier des détails sur la fin si cruelle du maréchal Brune , vingt-cinq années
s'étant écoulées depuis cette fatale époque ;
mais comme vous avez pensé qu'elle trouvait
sa place dans un ouvrage que vous alliez faire
paraître, j'ai été surpris que d'après vos relations d'amitié avec Madame la duchesse d'A-
brantès , vous n'ayez pas tenu quelque compte
de ce qu'elle a écrit à ce sujet, qui porte si
évidemment le cachet de la vérité et de l'im-
partialité. Il fallait au moins, il me semble ,
prendre quelques renseignements contradic-
toires, car vous n'êtes pas, Monsieur, de ces
auteurs qui , commandés par l'impérieuse nécessité , n'écrivent que pour plaire à leurs lec-

teurs , et entretiennent les haines parmi les Français au lieu de les calmer , comme il serait plus noble et bien plus utile de le faire.

Par la fatale journée du 2 août à Avignon , vous avez pu juger du danger d'écrire légèrement des accusations hasardées , qui , quelques fois , sont des arrêts de mort.

Sans doute le maréchal Brune avait dû être bien affligé de ce qu'on eût osé l'accuser aussi audacieusement d'avoir porté sur une pique la tête de la princesse de Lamballe , mais il n'aurait jamais pensé qu'une pareille absurdité , que sans doute il méprisa , eût pu avoir quelque influence sur sa fatale destinée. L'infortunée princesse mourut victime des calomnies et des fureurs du peuple. Le malheureux maréchal subit le même sort. La première n'avait pas fait plus de tort aux Parisiens que l'autre aux Avignonnais. De tels événements sont le cortège obligé des révolutions : c'est un torrent qui n'épargne personne.

Je ne peux pas dire que j'aie grandement à me plaindre de ce que vous dites dans votre relation à mon sujet , mais je crois avoir beaucoup à me plaindre de ce que vous ne dites pas ; c'est pourquoi je me suis déterminé à mettre sous les yeux de mes concitoyens une relation sincère pour suppléer aux omissions et aux méprises qui existent dans votre ouvrage ; je cite des faits positifs , et je présente des documents que personne ne récusera. Ces derniers sont pour ceux qui ne me connaissent pas ; pour ceux qui me connaissent , ils seraient inutiles , je regrette seulement que des circonstances bien indépendantes de ma volonté aient aussi long-temps retardé une publication pour laquelle j'attendais avec tant d'impatience une occasion depuis vingt-cinq années.

Votre récit commence par un éloge mérité des habitants du midi sur leur antique civilisation ; vous exposez ensuite avec beaucoup de clarté et de vérité tous les germes de dissentions et de fureurs dont étaient chargés les nuages de l'horizon politique. Remontant au xiie siècle et à Pierre Valdo , vous déroulez avec talent toute l'histoire de ces temps malheureux ; vous passez ensuite aux pénitents gris , blancs et noirs , à leur haine invétérée et à leur persistance dans des opinions politiques contraires. A la révolution de 89 , les pénitents noirs font couler le sang comme dans un cirque dans les rues de la ville d'Avignon, et, en 1815, les pénitents blancs triomphent et prennent leur revanche.

« Quand le soir je rentrai, dites-vous, dans
« la chambre n° 3 ; et que je trouvai au pied
« de mon lit le trou de cette balle qui, la
« veille, m'avait fait si cruellement rêver, la
« mort du maréchal me parut aussi terrible
« que la veille ; mais elle me parut en même
« temps aussi simple que le serait celle d'un
« homme tombé par imprudence dans une ca-
« verne de tigres. »

Cette définition de la circonstance, Monsieur, est positive, vraie, inspirée ; mais pourquoi faut-il que plus loin vous vous soyez laissé entraîner, et que, contredisant ce que vous veniez d'avancer vous-même, vous ayez défiguré les faits pour en venir à susciter, ou plutôt à contribuer, à confirmer des soupçons injurieux pour des braves gens qui ont défendu l'infortuné maréchal Brune, et qui auraient versé pour lui et pour l'honneur jusqu'à la dernière goutte de leur sang, si on l'eut attaqué à force ouverte, et si, désespérant de

vaincre cette résistance, les meurtriers n'a-
vaient pensé à une surprise qui ne pouvait être
prévue et qui malheureusement leur réussit.

Plus loin vous dites : « à l'époque où se
« passa le terrible drame que nous allons ra-
« conter, Avignon était entièrement livré à
« ces quelques hommes dont les autorités ci-
« viles et militaires ne voulaient, n'osaient
« ou ne pouvaient point réprimer les désor-
« dres. »

Il me sera facile et il m'importe de prou-
ver, que les autorités, avec les meilleures intentions et la volonté la plus décidée, ne
purent pas parvenir à arrêter les désordres.

Vous avez retracé leur origine et leurs
causes de manière à en faire prévoir le résultat inévitable, et pourtant encore avez-vous
oublié des faits bien importants que je crois
devoir rappeler ici.

Dans le 16me siècle les ardeurs religieuses
et politiques éprouvèrent une recrudescence ;
le 6 mars 1562 le baron des Adrets prend
la ville de Barjols et passe les habitants au fil
de l'épée ; les protestants qui servaient dans
l'armée victorieuse ; jettent les prêtres dans

les puits , pillent les églises et brûlent les re-
liques ; le viguier et les consuls de Barjols ,
sont conduits à Aix , condamnés à mort et
exécutés.

Quels étaient donc les crimes de ces malheureux habitants de Barjols ? Ils avaient
reçu dans leurs murs , peut-être malgré eux,
les troupes de Pontevès comte de Flassans ,
et du comte de Carcès , son frère.

Un terrible jour de représailles arriva ,
qui fût suivi d'autres représailles.

La ville d'Orange était occupée par les Hu-
guenots , le comte de Sommariva y entrete-
nait des intelligences ; il avait sous ses ordres
le comte de Carcès qui était l'âme de ses con-
seils , son frère Pontevès-Flassans , de Bou-
liers , Ventabren , Glandevès , Castellane ,
Castellane-Saint-Juers , Forbin, Crillon , Gal-
lien , Quiqueran de Beaujeu et beaucoup d'autres ; la ville fut prise le 6 juin 1562. On y
exerça de cruautés inounies ; les vainqueurs ,
pour susciter au carnage, criaient : paie Barjols ; le viol, le pillage et la barbarie y furent
portés aux plus horribles excès et le sang cou-
la à grands flots dans les rues.

Le baron des Adrets prit sa revanche, s'empara de Pierrelate, et Montbrun, son lieutenant, de Mornas. Les mêmes horreurs y furent renouvelées et les protestants criaient en massacrant : paie Orange. A Mornas on jeta les cadavres des vaincus dans le Rhône, afin qu'ils fussent portés à Avignon au commandant Serbillon, l'âme et le moteur du siége d'Orange, et par un raffinement de barbarie, on mit sur chacun des cadavres : laissez-le passer en liberté, il a payé les droits à Mornas. Quel horrible rapprochement avec la triste destinée du maréchal Brune !!!

Je n'entrerai pas dans les détails des guerres civiles que se firent les deux partis qui divisèrent ensuite le pays : l'un, appelé *Carcistes*, du nom du comte de Carcès, grand sénéchal de Provence, qui en était le chef ; l'autre les *Razats*, qui avaient à leur tête le maréchal de Retz, gouverneur de la province. Tous ces faits, qui font frémir, devraient donner aux générations cette utile leçon, que les guerres civiles sont le plus terrible des fléaux qui puisse affliger un peuple.

Deux siècles après ces épouvantables évé-

ments , arrivèrent ceux de la glacière à Avignon , et plus tard le massacre en masse des
habitants , de l'infortuné village de Bédoin , et
l'établissement du tribunal révolutionnaire à
Orange , qui inonda encore ces villes et ces
contrées de sang et de carnage.

En 93 , beaucoup d'Avignonnais et de Nî-
mois périrent à Toulon où ils s'étaient réfugiés.

Tout le monde connait ce que les volontaires royaux de l'armée d'Angoulême eurent à
souffrir pendant les cent jours , et l'on sait
dans quel état d'anarchie était aussi réduite la
ville d'Avignon.

Ainsi le trop célèbre Pointu , qui avait voué
aux républicains une haine profonde au pied
de l'échafaud de son père et de sa mère , comme vous l'avez dit , n'était pas le seul dans
Avignon. Il y avait de centaines de Pointu ,
qui , au moment où l'on s'épuisait en vains
efforts pour leur faire entendre raison , étaient
comme des fous et des énergumènes, et juraient
qu'ils ne laisseraient pas passer cette occasion
d'exercer leur vengeance; et lorsqu'on leur disait
qu'au Roi seul appartenait le droit de châtier
les coupables, ils répondaient que le Roi était

trop bon , qu'il ne punirait personne , et que eux voulaient se faire justice et qu'ils se la feraient.

Voilà donc , Monsieur , les tristes circonstances dans lesquelles le maréchal Brune arriva dans les murs d'Avignon , venant , non pas du Luc , comme vous le représentez , mais bien de Toulon.

A l'approche de l'armée autrichienne , Brune , ne se trouvant pas en mesure , à la tête de cinq à six mille hommes , tout au plus , qu'il commandait , de l'arrêter avec succès , se décida à se retirer sur Toulon , pour défendre cette place. Ses troupes étaient dévouées et remplies d'ardeur , mais , il faut le dire , l'anarchie les dominait.

Le maréchal , à la suite de très-grandes contrariétés , se décida à arborer le pavillon blanc , dans la crainte qu'on ne vint faire le siége de Toulon , et d'exposer ainsi à des désastres qu'on ne pouvait prévoir , la ville , l'arsenal et ses magasins , d'une si grande importance pour nos ressources maritimes. Quoique le drapeau blanc flottât sur les murs de Toulon , le drapeau tricolore était encore dans le cœur des troupes qui ne voulaient pas se soumettre.

Dans ces circonstances , plusieurs colonels et autres officiers donnèrent au maréchal des preuves d'un grand dévouement : le colonel , à présent lieutenant-général Buchet , qui commandait le 35me de ligne , après une allocution remplie d'éloquence militaire et de vigueur , voyant qu'il ne pouvait pas ramener son régiment , qui était le plus exalté , finit par arracher ses épaulettes et provoqua à lui seul tout son régiment ; les soldats , qui aimaient leur chef , ne résistèrent pas plus long-temps et se soumirent.

Cependant , le marquis de Rivière ne pouvait pas entrer dans Toulon comme il le désirait ; le maréchal , connaissant dans quelles dispositions étaient les troupes , ne croyait pas encore prudent de le recevoir.

Je crois me rappeler que ce fut la veille même de l'arrivée du maréchal dans les murs d'Avignon , que je reçus une lettre du marquis , qui me disait qu'il ne savait que penser de Brune , qui ne voulait pas le laisser entrer dans Toulon , mais qu'il allait prendre ses mesures pour l'y forcer ; il ne se figurait pas qu'elle était la cruelle position du maréchal.

J'ai su après par les colonels et plusieurs officiers de la garnison, que la veille même de l'entrée de M. de Rivière à Toulon , des scènes d'anarchie et de désordre avaient eu lieu parmi les troupes , pendant toute la journée. Les soldats couraient les rues en criant vive Napoléon II , et le maréchal était impuissant à les contenir. Cependant le marquis de Rivière y entra enfin, avec l'amiral Ganthaume.

Le maréchal Brune , dont la tête était très-fatiguée, accablé par tous ces événements , connaissant l'irritation qui existait contre lui dans toute la Provence, demanda un bâtiment pour partir par mer, ce qui , contrairement à ce que vous dites , lui fut accordé. Je tiens ce fait d'un colonel qui était attaché à l'état-major du maréchal et qui était en position d'être bien informé , et je le croirai toujours parfaitement vrai , à moins qu'il ne fût désavoué par M. l'amiral Duperré , qui était alors préfet maritime à Toulon , et qui , dans sa haute position , a le droit d'être cru. Du reste chacun connaît le caractère de M. de Rivière , et certes, il n'était pas homme à refuser une me- sure demandée pour la sûreté de qui que ce fût, et encore moins lorsque celle du maré- chal Brune était en cause. Le maréchal chan- gea d'avis dans la soirée et, renonçant à son premier projet, partit par terre. Il se fit es- corter par un piquet du 14me régiment de chas- seurs à cheval.

Ce régiment avait été en guerre ouverte avec les habitants, on les appelait les *Vitriers*, parce qu'ils cassaient les vitres partout sur leur passage. C'était une mesure peu prudente ; cette escorte pensa le faire périr à Aix, il ne dût son salut qu'à la vitesse de ses chevaux. Cet incident aurait dû ouvrir les yeux au ma- réchal, à la sortie d'Aix, il en était encore temps. Il aurait pu, au premier relais, pren- dre la route de Gap, en passant par Peyrol- les au lieu de continuer celle d'Avignon. Rien n'était plus aisé, et il n'eut pas couru le moin- dre risque.

Je ne crois pas à la version que le maréchal ait jamais eu l'idée d'éviter Avignon en prenant la route de traverse de Sorgues, ainsi que vous dites qu'il en donna l'ordre au postillon. Si le postillon avait refusé de se rendre à cet ordre, chose qui pouvait bien arriver parce qu'il était en-dehors des devoirs de son service, il était facile de retourner au relais qui était encore bien tout près, et certes le maître de poste n'aurait pas refusé son consentement ; d'ailleurs , en pareille circonstance, on se procure, au besoin , des chevaux dans quelque ferme , ou on va à pied pour une si courte distance. On aurait également pu traverser Avignon à pied , ou tourner par les boulevarts, ainsi que le fit Napoléon en 1814. Les aides-de-camp seraient allés relayer à la poste aux chevaux. Quant à moi , ma conviction est que le maréchal une fois éloigné d'Aix et ayant renvoyé son escorte , crut n'avoir plus rien à redouter ; et que sans crainte et sans reproches , il arriva plein de sécurité dans les murs d'Avignon. Il avait quatre partis à prendre , il prit le seul mauvais.

Plus on réfléchit à cette affreuse catastrophe , plus on est étonné qu'un homme comme le maréchal Brune ait pu agir avec une aussi inconcevable absence de prudence.

Il savait que l'Empereur avait manqué perdre la vie à Avignon en 1814 , et qu'il n'avait été sauvé que par le zèle et le patriotisme de quelques bons citoyens, tels que M. Montagnac; qu'à Orgon il n'avait dû la vie qu'à sa présence d'esprit : il n'eut que le temps de sauter sur le cheval de son courrier et disparut de toute sa vitesse.

Au retour de l'île d'Elbe, Napoléon n'avait pas oublié la route d'Avignon; il traça à Brune celle qu'il aurait dû prendre; mais la destinée avait décrété que le Grand-Homme, si long-temps favori de la fortune, irait mourir sur le rocher de Sainte-Hélène, tandis que Brune, entraîné par une irrésistible fatalité, venait, les yeux fermés, se livrer à ses meurtriers dans Avignon.

J'étais, à cette fatale époque, commandant supérieur du département de Vaucluse; je devais, par ma position, être aussi bien informé que qui que ce fut, et je ne crois pas qu'il fût possible qu'on eût connaissance de l'arrivée du maréchal, ainsi que vous l'assurez. Ce qui prouve que vos renseignements étaient erronés, c'est que vous faites partir le maréchal du Luc, au lieu de Toulon. Or, l'erreur d'un fait matériel et historique aussi important et qui domine tous les autres., donne la mesure de l'exactitude de vos renseignements.

J'ajouterai, en répétant ce que j'ai déjà dit plus haut, que ce ne fut que la veille au soir que le maréchal se décida à renoncer à son départ par mer. Il pouvait aussi, il aurait dû, sans contredit, prendre la route de Grenoble; dès-lors comment pourrait-on avancer avec autant d'assurance qu'on avait appris d'avance son arrivée à Avignon, lorsqu'il y entra de grand matin après avoir voyagé toute la nuit.

Je ne partage pas non plus votre opinion, que Pointu et sa bande fussent allés attendre le maréchal au Pontet. S'ils avaient eu à l'attendre quelque part, ils auraient choisi de préférence le pont de la Durance, parce que là ils étaient sûrs de ne pas le manquer. Pointu était sans aucun doute allé ce jour là, avec sa carriole, vaquer à son commerce ordinaire, qui était, comme on le verra par les pièces officielles, d'envoyer des camarades menacer et effrayer les habitants des campagnes éloignées. Il arrivait ensuite, interposait ses bons offices, et tout s'arrangeait à l'amiable au prix de l'or. S'ils avaient été au Pontet, à une aussi petite distance d'Avignon , ils auraient bientôt appris que le maréchal y était arrivé et ils seraient accourus, et cependant ils ne furent pas aperçus. De plus , ils auraient au moins arrêté les chevaux et les équipages du maréchal , qui passèrent par la traverse sans être molestés ; ils étaient conduits par le capitaine Allard, qui depuis a rendu son nom célèbre comme général Allard , et qui s'expatria à cette époque , par suite des chagrins qu'il éprouva de la mort du maréchal.

Je n'entrerai pas dans tous les détails que vous relatez au sujet de cette triste journée du 2 août , mon projet est seulement de relever les nombreuses erreurs que contient votre relation ; ainsi que les injustices à l'égard des personnes.

Il peut sans doute se glisser quelques inexactitudes dans un récit de ce genre ; je peux et je m'attends moi-même à en laisser échapper , mais l'essentiel est d'être de bonne foi et de ne pas se laisser aveugler par l'esprit de parti.

L'hôtel Blavet , que j'habitais à Avignon , était éloigné du lieu de l'émeute , et à l'instant même que j'en fus prévenu par les soins du commandant de la place , je montai à cheval, avec un officier d'état-major et deux chasseurs d'ordonnance.

En arrivant sur la place de Loulle , je fus étonné de voir un si nombreux et si menaçant rassemblement. Je poussai mon cheval au milieu de la foule , et , arrivé en face de l'hôtel du Palais-Royal , je m'arrêtai ; après quelques pourparlers , j'adressai au peuple un discours avec toute l'énergie dont j'étais capable.

Avignonnais , leur dis-je en terminant , vous voulez vous déshonorer , me déshonorer moi-même ? Si un coup est porté au maréchal , m'écriai-je avec force , et en me frappant la poitrine , voilà par où il faut qu'il passe.

Ce fait, qui a été si souvent passé sous silence par les partialités de parti , a eu lieu en face de trois mille personnes qui me voyaient et m'écoutaient en silence et ne peut être contesté. J'engageai ensuite , je suppliai même le peuple de me suivre ; je tournai mon cheval vers la rue qui conduisait à ma demeure et j'avançai quelques pas , mais voyant que pas un homme ne se décidait à me suivre , je rentrai dans la foule et je fus descendre en face du Palais-Royal , en avant duquel le préfet , les autorités et beaucoup de notabilités d'A-vignon étaient rangés. Le préfet était en grand costume. Je pense que la scène de son habit vert , dont vous rendez compte , a dû être antérieure.

Pendant que je haranguais le peuple , je m'aperçus que le préfet avait constamment les yeux fixés sur moi. Je n'avais jamais vu M. de Saint-Chamans , et je n'aurai pas pu le con-naître s'il n'avait pas été en costume.

Après avoir complimenté le nouveau préfet , je montai à l'appartement où était le maréchal , et lui ayant rendu mes devoirs , je pris la li-berté de lui dire combien j'étais désolé qu'il n'eût pas pu me prévenir de son passage ; que je serais venu le chercher dans ma voiture et que je l'aurais conduit au-delà d'Orange : je ne me rappelle pas ce qu'il répondit , mais je vis bien qu'il ne me reconnaissait pas. Je ne l'a-vais vu qu'une fois à Marseille , comme je le dirai plus tard.

L'émeute était terrible et les passions por-tées au plus haut degré de violence , il n'y avait pas un homme qui ne parlât de ses griefs et du sang versé dans sa famille par la révolution , et c'est envain que le préfet et moi cherchions tous les moyens imaginables pour conjurer cet orage. Nous étions bien secondés par un bon nombre d'habitants notables et toutes les autorités civiles et militaires. On y remarquait entr'autres , M. de Balzac , sous-préfet ; M. Puy , maire ; M. Hugues , commandant les volontaires de Vaucluse ; M. Vernety , commandant de place ; M. Montagnac, commandant un détachement de la garde nationale. M. Puy , homme d'un caractère ferme, sévère et même emporté , était abattu. Le jour de l'entrée des gardes nationales dans Avignon , je l'avais entendu au milieu de quelques désordres , les appeler des brigands et des coquins ; mais ici , il crut devoir se contenir , cette émeute avait une autre gravité.

Après m'être concerté avec le préfet sur tous les moyens qui pourraient nous offrir quelque chance de salut, je me décidai à envoyer l'ordre au capitaine de la gendarmerie de monter à cheval avec sa troupe et de venir se placer dans une petite rue écartée et peu distante de nous , afin d'y tenir cette force à notre disposition. Mon ordre fut mal rendu ou mal compris , et tout à coup arriva la compagnie de gendarmerie qui se mit en bataille sur la place. Au même moment des huées et des cris de à bas les gendarmes, partent de tous côtés ; les armes se préparent , et s'ils n'eussent pas été au milieu du peuple , ils auraient reçu des coups de fusils ; je donnai aussitôt l'ordre au capitaine de rentrer , et renonçai au projet auquel j'avais pensé d'enlever le maréchal., secondé par la gendarmerie et par tout ce que j'aurais pu réunir à cheval de gens dévoués.

J'avais essayé de proposer aux plus mutins de faire conduire le maréchal en prison , pour attendre les ordres du Roi ; un petit homme atroce, en veste nankin , me répondit qu'en paraissant , il aurait son coup de fusil. Je lui observai qu'il serait sous mon bras et que je partagerais son sort. Il fit un signe significatif avec son fusil et sa baïonnette, il ajouta d'un ton cynique : s'il sort, il est mort , et s'il reste , il est mort.

Vous portez à 400 le nombre des volontaires qui se trouvaient sur le terrain ; cependant ce nombre ne pouvait pas excéder 200. Ce petit bataillon n'atteignit jamais l'effectif de 300 hommes, et en déduisant ceux de service, les malades, les absents des casernes au moment d'une prise d'armes aussi précipitée, ceux encore non habillés ou armés, je crois être dans la vérité, en fixant le nombre tout au plus à 200. Dans tous les cas, y en eût-il 400, cette force n'eut jamais pu être suffisante, lorsque l'on considère que le bataillon comptait à peine douze ou quinze jours de formation ; que les jeunes gens qui le composaient avaient été levés dans Avignon ; que ce n'était donc que des recrues avec lesquelles on ne pouvait songer à tenter un vigoureux coup de main. La population ameutée a toujours été considérée dans tous les rapports comme étant au nombre d'environ trois mille, ainsi que vous le dites vous-même.

Cette populace remplissait la place de Loulle, et la plate-forme du rempart qui règne au-dessus de la porte de Loulle et qui domine la place. Il y en avait aux fenêtres et enfin jusque sur les toits des maisons environnantes. Tout le monde était armé de fusils dont beaucoup de munition ; je n'aurais jamais pris sur moi , dans une pareille circonstance , de faire tirer un seul coup de fusil , dans la crainte d'exaspérer une populace qui n'était jusque là que menaçante ; le maire était présent , s'il avait cru convenable de faire les sommations , il était en mesure de le faire , puisqu'il était , ainsi que vous le consignez dans votre relation , en uniforme , en écharpe et revêtu de ses deux décorations.

Pendant que la lutte continuait , les volontaires étaient en bataille et formaient l'équerre avec l'hôtel , prenant en conséquence les assaillants en flanc. Mais ils avaient derrière et contre eux une autre troupe , égale au moins en nombre , qui avait pris position sur la plateforme du rempart qui la dominait et était inattaquable sans échelles et sans canons. J'aperçus tout-à-coup un homme d'une taille colossale , brandissant une hache , qui forma , à quarante pas environ en avant de la porte de l'hôtel , un peloton d'une quinzaine de forcenés de sa trempe , qui croisèrent la baïonnette et s'ébranlèrent avec lui au pas de course. Je m'élançai au-devant de ces furieux , je saisis l'homme qui portait la hache, par sa veste, à la hauteur de la poitrine, mais il me repoussa avec une telle violence, que je chancelai plusieurs pas, faillis être renversé, un de mes genoux toucha légèrement la terre et mon schako roula à une assez grande distance. M. le préfet qui suivait mes pas, s'étant aussi précipité sur lui, fut atteint à la main par sa hache. Il commença alors à battre en brèche la porte de l'hôtel. Je courus aussitôt aux volontaires, j'ordonnai au commandant de faire brusquement doubler les rangs à sa troupe, ce qui fut exécuté dans un clin d'œil, et je les fis charger pour venir occuper le devant de la porte de l'hôtel, où ils se rangèrent sur six de hauteur. Ces hommes, quoique nouveaux soldats et Avignonnais eux-mêmes, firent leur devoir jusqu'au dernier moment. L'homme à la hache avait disparu, et je ne le revis plus.

Plus tard, me trouvant avec MM. Montagnac et le maire Puy, au milieu d'un groupe que je cherchais à calmer, M. Montagnac fut tout à coup apostrophé de la manière la plus violente : c'est toi, S. J. F., qui nous empêchas d'exterminer Napoléon à son passage à

Avignon. Tu viens encore sauver celui-ci ; sans toi nous n'aurions pas eu les cent jours , tu ne devrais pas avoir l'audace de te montrer ici. M. Montagnac courut un instant les plus grands risques, et nous l'engageâmes à se retirer , ce qu'il fit. L'exaspération était poussée à un tel point , que M. le maire Puy fut aussi apostrophé et insulté , et , voyant qu'il courait les mêmes dangers que M. Montagnac, il se retira et je ne le vis plus. Il y a erreur dans ce que vous avez dit à son égard : *qu'il fut renversé et foulé aux pieds , son habit et son écharpe déchirés et ses cheveux blancs souillés de poussière et de sang :* un pareil fait n'aurait pas pu se passer sans que je m'en fusse aperçu, de plus il aurait fait sensation , et on en aurait parlé , mais la première et la seule nouvelle m'en est parvenue par votre relation.

Quelques personnes l'ont fait haranguer et présenter sa poitrine au peuple , et lui ont attribué ce fait qui m'était personnel. Ce n'était sans doute que dans le seul but de faire comprendre que j'avais été inactif, et que par conséquent j'avais manqué à mon devoir. Cette scène tragique se passait en plein jour , le soleil éclairait les trois mille personnes qui étaient présentes : j'en appelle à leur témoignage.

Vous parlez d'un homme qui s'intitulait lieutenant général commandant l'armée libératrice. Cet homme, je dois le dire, je ne l'ai pas vu, je n'ai vu ni ses actes, ni ses écrits, je n'ai pas entendu ses paroles.

Je crois même, qu'à cette époque, ce nom pompeux d'armée libératrice n'était pas encore connu en Europe, qu'il est d'origine espagno-américaine et qu'il ne remonte pas plus haut qu'à l'époque de l'occupation du Pérou par Bolivar.

Je crois encore parfaitement inexact ce que vous racontez relativement au sabre du maréchal ; mais comme c'est un fait personnel au commandant des volontaires, je lui laisserai le soin d'y répondre, s'il le trouve convenable.

Il n'est pas exact, non plus, que M. Moulin ait sollicité de M. Puy aucune mesure pour l'enlèvement du corps. Pendant un moment l'attitude menaçante du peuple me fit craindre qu'il ne se portât aux derniers outra-

ges envers les restes du maréchal, et je crai-
gnais que, si une fois on franchissait cette
barrière, on ne se portât aux prisons pour
massacrer les malheureux qui les encombraient,
et dont une bonne partie n'y étaient que par
mesure de sûreté pour leurs propres personnes.

Dans cette pénible pensée, je dis encore au
peuple tout ce que je crus pouvoir l'éloigner
de ces sauvages excès, et ils parurent se
soumettre. Je donnai ensuite l'ordre au commandant de la place de faire placer le corps
du maréchal dans une voiture tendue de dra-
peries noires et de le faire transporter dans
la chapelle de la caserne de cavalerie hors la
ville et éloignée de Loulle.

J'espérais que ce triste spectacle imposerait
au peuple, qu'il suivrait probablement la voiture jusqu'à la chapelle, et que là les émeu-
tiers se disperseraient enfin.

J'ordonnai au commandant de place de
venir ensuite me rendre compte de l'exécution de cet ordre, afin de nous concerter
dans la soirée sur les moyens à prendre
pour rendre au défunt les honneurs funèbres
d'une manière aussi convenable que les cir-

constances pourraient nous le permettre. Le commandant me demanda dans ce moment si, selon l'usage, il pourrait, après l'enterrement, prendre l'épée du maréchal ; je lui répondis que, dans une pareille occasion, cela ne devait pas être, et qu'il n'y pensât pas. On sait que le peuple s'empara du corps à la sortie de la porte de Loulle et le précipita dans le Rhône.

Après avoir donné mes ordres au commandant de la place, je me transportai dans la cour des remises, pour m'assurer si les équipages avaient été respectés ; rien ne me parut dérangé dans la voiture. Ce fut dans ce moment que des personnes m'informèrent qu'on avait caché les aides-de-camp, qu'on leur avait fait couper les moustaches, et qu'on veillait à leur sûreté. Je recommandai la continuation de ces soins.

Vous voyez quelle était la violence de cette émeute dès son début, puisque M. Moulin qui, dans toute cette affaire, s'est conduit avec tant d'énergie et d'honneur , ordonne à Vernet, ainsi que vous le racontez, de cacher les aides-de-camp et de leur défendre de bouger sous peine de mort. M. Moulin, dites-vous, vit que tout était perdu si l'on ne tenait pas jusqu'au moment où arriveraient les troupes du major Lambot. Cela prouve que M. Moulin avait confiance dans ces troupes ainsi que dans le major Lambot, et cette confiance fut justifiée : les troupes firent leur devoir ; elles étaient prêtes à verser leur sang pour défendre le maréchal ; mais par une fatalité qu'il était impossible de prévoir, les assassins, désespérant de vaincre par la force, eurent recours à la ruse ; ils trouvèrent le moyen de parvenir sur les toits par un passage écarté sur les derrières de l'hôtel, et de descendre rapidement dans l'appartement du maréchal, ainsi que vous l'avez dit. Là encore il y avait eu des précautions prises, un poste de la garde nationale stationnait à sa porte et en défendait l'entrée. Si le maréchal n'eut pas été surpris et qu'on eût soigneusement fermé les issues de son appartement, il aurait peut-être encore pu être sauvé, car, au premier cri d'alarme dans l'intérieur de l'hôtel, un homme avait paru sur le balcon et m'avait crié : M. le major, on vient par les toits ; et il disparut. Quoique je ne crusse pas le danger si imminent, je fis frapper à la porte à coups redoublés ; mais comme toute la journée le même bruit s'était fait entendre, on n'en tint pas compte, et ce ne fut que trop tard qu'on m'ouvrit enfin, car, en entrant, j'entendis deux détonnations d'armes à feu. Je montai dans la chambre du maréchal, et je le trouvai étendu, baigné dans son sang.

J'ai su plus tard qu'un premier assassin lui tira un coup de pistolet. Le maréchal s'avança résolument sur lui et lui dit : vous êtes un maladroit. Au même moment un autre lui lâcha un coup de fusil ; la balle lui coupa la gorge. L'infortuné maréchal tomba en avant sur ses deux mains. Ce fut dans cette position que je le trouvai, ne donnant plus aucun signe de vie. Je vis une affreuse blessure et couler un sang qui n'aurait dû être versé que pour la patrie. Je ne vis plus rien ni personne ; je ne fis aucune question, je me retirai je ne sais où, je ne fus rappelé à ce qui se passait que par un hourra de cris affreux que j'entendis dans la rue.

Ce fut peut-être un malheur pour le maréchal, que des personnes, sans doute bien intentionnées, l'eussent privé de la présence de ses aides-de-camp, qui auraient été pour lui une grande consolation dans un aussi cruel moment , et peut-être aussi qu'ils seraient parvenus à se défendre un instant, avec le secours des gardes nationaux qui gardaient la porte, et qui, probablement surpris, ne firent pas de résistance efficace.

Au moment de la rédaction du procès-verbal, je fus prévenu qu'on y consignait que le maréchal s'était suicidé ; je demandai si l'on étoit assuré que la chose fut réelle, et l'on me répondit que les témoins l'attestaient. Je pensai, dès lors, ne pas avoir d'autres observations à faire. Il y a inexactitude, quant au refus que l'on prétend avoir été fait par M. Puy, de signer le procès-verbal de suicide du maréchal. J'ai dit plus haut que M. Puy avait disparu de la scène, et, étant absent à la fin de la catastrophe, il n'a pas pu signer ce procès-verbal.

Le lendemain de l'émeute, des habitants d'Avignon vinrent me voir et me présentèrent l'un des aides-de-camp du maréchal. Il était, comme on peut le penser, dans la plus grande désolation ; ses yeux remplis de larmes annonçaient sa douleur ; il me dit : « *J'ai perdu un père, le meilleur des hommes.* » Je lui exprimai toute ma propre affliction et lui offris d'aller l'accompagner avec ma voiture au-delà d'Orange. Il me remercia, me disant que les Messieurs qui l'avaient conduit près de moi lui avaient fait la même proposition et qu'il l'avait acceptée.

On sait que dans les événements politiques chaque parti veut avoir raison et raconte les choses à sa manière. Pour donner une couleur à une version qui aurait établi que j'étais resté inactif, avec intention, durant les désordres de la journée du 2 août, il aurait été dit que le maréchal Brune m'avait fait mettre en prison dans les cent jours, et il y avait à cela une apparence de vérité.

Le colonel du 9e régiment de ligne, dont j'étais le lieutenant-colonel, fut en effet arrêté à l'arrivée du régiment à Toulon et conduit de brigade en brigade à la citadelle de Grenoble. En passant à Marseille, il voulut voir le maréchal Brune. On le vit dans les rues conduit par la gendarmerie. C'était donc le colonel, et non moi, le lieutenant-colonel. Voilà probablement ce qui a occasioné cette erreur.

La députation corse qui était allée à Paris pour complimenter l'Empereur sur son retour en France, ne porta aucune plainte contre moi, au contraire, elle fit mon éloge et me représenta comme m'étant conduit dans ce pays avec convenance et modération. C'est pourquoi je ne fus l'objet d'aucun ordre de rigueur.

Les officiers de mon régiment me montrèrent dans cette circonstance le plus vif intérêt et le plus entier dévoûment : ils décidèrent que le conseil d'administration écrirait au ministre pour demander ma réintégration dans le régiment ; les officiers généraux commandant à Toulon accueillirent cette demande et l'adressèrent au maréchal Brune. Comme ma position était très-précaire, on me fit sentir qu'il y avait nécessité pour moi à me présenter au maréchal à Marseille, pour recevoir ses ordres. D'après sa réputation, qui, il faut le dire, était aussi exagérée que peu méritée, je n'étais pas sans inquiétude sur cette visite ; cependant je m'y résignai. Je me présentai au maréchal ; il m'accueillit avec une extrême politesse et me dit : *Monsieur le major, les colonels et tous les officiers qui arrivent de Corse m'ont fait de vous le plus grand éloge. J'ai fait à votre égard un rapport favorable à l'Empereur ; vous pouvez vous retirer dans vos foyers ; vous n'avez rien à craindre.* Il y avait tant de bonté et de bienveillance dans ce peu de mots que me dit le maréchal, que je me retirai on ne peut plus reconnaissant et satisfait de ma visite. On peut facilement croire, d'après ce que je viens de dire, combien mes sentiments envers lui devaient être différents de ceux que l'esprit de parti a pu me prêter.

Avant de rentrer dans mes foyers, je voulus revoir encore une fois, à Toulon, mes camarades, et, dans leur sollicitude, craignant qu'il ne m'arrivât quelque chose de désagréable, tout le corps d'officiers voulut signer un certificat pour me servir, au besoin, de carte de sûreté. Je l'ai conservé comme un précieux souvenir de leur affection [1].

La lettre [2] que je reçus de M. de Saint-Chamans, préfet de Vaucluse, trois jours avant mon remplacement au commandement supérieur de ce département, reste comme un monument de la position dans laquelle se trouvaient les autorités à Avignon.

(1) Voir le n° 1, Pièces justificatives.

(2) Voir le n° 2, Pièces justificatives.

Le préfet continua, après mon départ, tous ses efforts pour rétablir l'ordre, de concert avec mon successeur ; il ne fut pas plus heureux, bien qu'appuyé par les forces autrichiennes.

Le 17 août, le comte de Paar, commandant les troupes autrichiennes à Avignon, publia une proclamation qui stigmatisait sévèrement l'anarchie et les désordres qui régnaient dans la ville. Il ordonna des mesures défendant expressément tout rassemblement après neuf heures du soir, tant sur les places publiques que dans les cafés et cabarets, déclarant que des patrouilles nombreuses, en parcourant les rues, veilleraient à l'exécution de ses ordres.

Telle était la position d'Avignon lorsque je quittai mon commandement le 26 août ; nous verrons plus tard si elle s'améliora.

Je partis pour Marseille, où j'appris en arrivant que j'avais été dénoncé à Paris comme n'ayant pas pris les mesures efficaces propres à empêcher l'assassinat du maréchal Brune.

Le maréchal Gouvion Saint-Cyr, alors ministre de la guerre, ordonna mon remplacement à Avignon, sur les premiers renseignements donnés par des hommes prévenus et mal intentionnés.

Il écrivit en même temps au garde-des-sceaux pour qu'il eût à me faire mettre en jugement, et expédia des officiers et des ordres en Provence pour prendre, sur les lieux, des renseignements plus positifs et plus sévères.

Le général Parthounneaux, qui commandait alors la division à Marseille , s'empressa , d'après les ordres exprès du ministre, de prendre les informations les plus exactes et lui en fit parvenir le résultat. Il crut tellement que le ministre avait été trompé à mon égard et que son rapport suffirait pour qu'il me rendît justice, qu'il me nomma sur-le-champ lieutenant-colonel du régiment de Royal-Louis, et lui en rendit compte. Les bataillons qui devaient servir à le compléter étaient disséminés, et je fus passer la revue de ceux qui étaient à Saint-Nazaire et à Hyères. Ce corps, malgré les difficultés qui empêchaient de le réunir, fut promptement organisé pour prendre position au Beausset et dans les environs de Toulon, entre les troupes autrichiennes et les régiments de l'armée de Brune qui étaient restés dans Toulon. Les Autrichiens menaçaient d'aller occuper cette ville, sous prétexte qu'on ne pouvait pas compter sur la fidélité de la garnison. Cette occupation était trop contraire à nos intérêts pour ne pas l'empêcher, et c'est ce qui fut obtenu au moyen de la prompte formation du régiment de volontaires royaux qui, plus tard, forma la garnison de Toulon, et fournit un bataillon en Corse, où il fut très-utile.

Le général Parthounneaux m'avait donné connaissance des ordres venus de Paris à mon sujet. J'en écrivis à plusieurs personnes, et entr'autres à M. le préfet du département de Vaucluse [1] et à M. le général baron de Launay, sous les ordres duquel je m'étais trouvé en Corse, et qui m'envoya copie de la lettre qu'il écrivît au ministre à ce sujet [2].

Lorsque l'organisation du régiment Royal-Louis fut complète, le général Parthounneaux m'envoya à Paris pour la porter au ministre de la guerre et lui donner des explications sur notre position.

A mon arrivée dans la capitale, le maréchal Gouvion Saint-Cyr n'était plus ministre de la guerre.

____

(1) Voir les n⁰ˢ 3 et 4, Pièces justificatives.

(2) Voir le n° 5, Pièces justificatives.

Cependant, comme je croyais qu'il pouvait avoir gardé quelque prévention défavorable sur ma conduite à Avignon, je fus le voir pour lui donner mes explications. Le maréchal, qui d'abord parut très-prévenu, m'écouta néanmoins avec attention, puis avec bienveillance.

« On m'avait cependant assuré, me dit-il,
« que vous aviez quatre cents hommes de
« bonnes troupes, et que si vous aviez fait
« une démonstration vigoureuse vous auriez
« réussi. » A quoi je répondis : Monsieur le maréchal, je n'avais pas quatre cents hommes de troupes, la position ne permettait pas cette démonstration vigoureuse contre des hommes retranchés et embusqués, et qui nous étaient si supérieurs en nombre; et, d'ailleurs, comment pouvait-on compter avec tant de confiance sur une troupe de quinze jours de formation, lorsque les troupes de ligne refusaient souvent d'obéir à leurs chefs. Vous même, Monsieur le maréchal, à l'arrivée de Napoléon, vous étiez à la tête de bonnes troupes. Vous leur commandâtes de rester fidèles et de conserver la cocarde blanche, et ils arborèrent la cocarde tricolore (je n'osai pas ajouter qu'il avait été obligé de s'éloigner).

Alors le maréchal, avec cet air de bonté qu'il savait si bien prendre quand il le voulait, me dit : ah ! je conviens qu'il y a quelques fois des positions bien difficiles ; je suis bien fâché, Monsieur le major, je ne suis plus ministre et ne peux rien pour vous. Votre bonne opinion et votre justice à mon égard, Monsieur le maréchal, lui répondis-je, voilà tout ce que je viens vous demander ; et je pris congé de lui.

J'étais à Paris, lorsque j'appris que le préfet d'Avignon, fidèle à ses devoirs, avait continué ses efforts pour y rétablir la tranquillité. Mais l'émeute leva la tête plus fière que jamais, et, après une commotion populaire pendant laquelle il avait manqué perdre la vie, il fut obligé de se sauver et de se retirer à Carpentras, où il établit le siége de son administration.

Le gouvernement pensa sérieusement à transporter le chef-lieu du département à Carpentras, si Avignon ne rentrait pas dans le devoir. Peu à peu les choses devinrent plus calmes et l'ordre se rétablit.

Au moment de l'organisation des légions, je fus nommé lieutenant-colonel de celle des Bouches-du-Rhône, et, quelque temps avant

de quitter Paris, j'appris que ceux qui s'étaient
fait mes ennemis ne cessaient de faire des dé-
marches pour me nuire, et qu'on avait cherché
à tromper Monseigneur le Duc d'Angoulême sur
les événements d'Avignon et sur mon propre
compte. J'écrivis au prince pour m'en plaindre,
et je lui envoyai un rapport exact de tout ce qui
s'était passé. Je reçus immédiatement une
lettre de M. le comte de Saint-Priest, qui me
répondait au nom du prince [1].

D'après ce que je viens d'exposer, il est
facile de juger que lorsque je fus prendre le
commandement du département de Vaucluse,
je ne pouvais avoir dans le cœur aucun senti-
ment de mauvais vouloir envers qui que ce fut
ni aucune intention mauvaise d'homme de parti.
Je n'avais à me plaindre de personne, je n'avais
eu qu'à me louer de mes camarades, des autres
officiers de l'armée et du maréchal Brune.

Dès mon arrivée, j'annonçai ma détermi-
nation de ne permettre aucune réaction, et
j'y restai fidèle. A Lille, à Perne, à Carpentras, à Orange, je ne sache pas que personne
eut éprouvé le moindre désagrément pour

(1) Voir la lettre n° 6, Pièces justificatives.

fait d'opinion. Ce ne fut qu'à Avignon que fit explosion cet orage d'anarchie , dont les causes sont faciles à comprendre : c'était une réaction et des représailles dont les causes étaient dans la masse des événements.

Dans la position où je voyais Avignon , je crus qu'il n'y avait qu'une mesure qui pût sauver le pays , et que cette mesure était l'état de siége. On se plaignait que des bandes de fédérés , qui avaient quitté la colonne du gé-néral Cassan, s'étaient répandues dans les campagnes pour les ravager ; et d'autres bandes sortaient d'Avignon pour aller, disaient-elles, à leur recherche ; ce qui n'était qu'une excuse pour leurs déprédations. Prenant alors moi-même pour prétexte la présence de ces mêmes fédérés, je fis paraître un ordre du jour, sous la date du 20 juillet, qui établissait un conseil de guerre et un conseil de révision , pour juger tous les crimes et délits qui seraient , à l'avenir , commis dans le département. Il n'y avait que la prompte exécution de cet ordre qui eût pu en assurer le succès ; mais il ne fut pas approuvé par l'autorité supérieure et ne fut pas exécuté.

A mon arrivée à Carpentras , mes ordres

étant de changer le maire , j'en nommai un
nouveau, et le même jour, dans l'après midi,
je fus avec les officiers qui étaient employés
près de moi, faire une visite au maire rem-
placé ; je lui exprimai le regret que j'avais
eu de lui donner un successeur pour me
conformer à mes ordres, mais que j'étais bien
aise de venir l'assurer en personne que je
n'avais que des éloges à lui faire pour son
administration. Après cette démarche, je pensai bien que personne n'oserait se permettre
de lui causer le moindre désagrément, ni à lui,
ni à personne autre, et c'est ce qui arriva.

Au moment où j'entrai dans Avignon avec la
colonne des gardes nationales que j'avais réunies, je la fis serrer en masse, je leur recommandai, de la manière la plus énergique, d'observer
dans la ville le même bon ordre et la même
discipline qui jusqu'à présent avait été la règle
de leur conduite. Le maire décida qu'on ne don-
nerait pas de billets de logement et que les gardes nationaux seraient reçus avec plaisir par
tous les citoyens. Ce fut une grande faute que
nous fîmes ; il aurait fallu loger les troupes
par rues et par maisons de suite, comme cela
se fait ordinairement , afin de pouvoir les

réunir au besoin. Tout paraissait parfaitement tranquille, et je me retirai pour me reposer. Peu de temps après M. le maire Puy vint m'avertir qu'il y avait du désordre. Nous nous dirigeâmes ensemble vers le café Vinay, qui avait été le rendez-vous ordinaire des fédérés. Nous trouvâmes ce local dévasté par les Avignonnais mêlés à quelques-uns des nôtres.

Ce désordre se propagea dans la ville, on battit la générale, mais nos troupes étaient très-dispersées, et il était très-difficile de les réunir. Je me retirai un moment chez moi, pour faire imprimer un ordre du jour qui put ramener la tranquillité. Il fut bientôt affiché dans toute la ville. Je sortis de nouveau et je me portai de ma personne partout où j'apprenais qu'il y avait quelque danger, principalement à l'hôtel des Invalides et chez Mme De Raousset de Boulbon, où je tâchai de rassurer les dames qui étaient fort effrayées. Dans la soirée, M. Sièyes, frère de l'abbé de ce nom, qui occupait un emploi principal, me fit dire que sa maison était menacée ; et comme j'étais occupé en ce moment, je lui envoyai tout ce que je pus détacher de la garde qui était à mon hôtel. Je lui fis dire que s'il avait encore quelque inquiétude, j'irais passer la nuit dans sa maison avec le monde qui me restait. Il me fit savoir plus tard que tout paraissait tranquille et qu'il ne serait pas nécessaire que je prisse cette peine.

La journée avait été très-tumultueuse, mais heureusement il ne se commit pas d'autres désordres sérieux après celui du café Vinay.

Ces excès des Avignonnais étaient sans nul doute très-condamnables ; mais lorsqu'on considère l'anarchie qui avait régné jusqu'à ce moment dans Avignon, anarchie que le général Cassan, qui avait cependant des troupes de ligne, et M. le maire Puy, avec tout son caractère et sa fermeté, n'avaient pu dominer, on ne peut pas s'étonner du mouvement de réaction qui eut lieu ; il était moralement inévitable.

Dans le xvi° siècle on aurait saccagé la ville et passé tout le monde au fil de l'épée ; il y a donc très-grand progrès dans la civilisation ; plaignons-nous du mal, mais ne soyons pas injustes envers les hommes publics qui ont fait leur devoir et espérons mieux pour l'avenir de notre patrie.

Je ne veux pas ici me porter le défenseur du peuple de la Provence dans ses excès et dans tout ce qu'il a fait de blâmable ; il ne serait cependant pas juste de lui attribuer exclusivement les maux qui ont affligé toute la France à diverses époques , et qu'on fit aux seuls Provençaux la réputation d'hommes anarchistes. On a fait beaucoup de mal dans la révolution et dans les diverses réactions qui ont ensanglanté notre histoire ; mais n'oublions pas que Paris a eu son deux septembre et ses cruelles tragédies ; que tous les Français prennent leur part dans le mal , quand il s'est fait dans toute la France , et que les habitants du midi ne soient pas seuls frappés d'anathème.

Les habitants de Paris donnèrent, dans les trois journées des 27, 28 et 29 juillet, des exemples de modération et d'humanité ; cependant il s'en fallut de peu que quelque temps après une page sanglante de plus ne fut ajoutée à l'histoire de nos jours néfastes. Une émeute eut lieu la veille du jugement des ministres. Je me trouvai par hasard dans une maison de la rue de Tournon, près du palais du Luxembourg. Les hautes fonctions militaires et le commandement de la garde nationale se trouvaient entre les mains d'hommes expérimentés et de haute réputation ; j'avais confiance dans leurs mesures , et je restai sur les lieux pour voir celles qui seraient prises pour maîtriser cette émeute , et pour ma propre instruction.

Vers les quatre heures du soir il n'y avait, en avant du palais du Luxembourg, dans la rue de Tournon , que deux compagnies de garde nationale. Elles étaient formées en colonne presque à distance entière et occupaient toute la largeur de la rue encombrée de peuple dont la masse cherchait à rompre la compagnie de la tête.

Le général Lafayette arriva sur les lieux accompagné de plusieurs aides-de-camp et officiers d'état-major. Il se jeta dans la foule ; ses officiers fesaient écarter le peuple autour de lui en poussant et en criant : le général Lafayette ! ! !

La présence du général ne fesait pas de sensation et il restait confondu dans la multitude. Il fit demander aux maîtres de la maison chez lesquels j'étais , la permission de monter sur le balcon afin de haranguer le peuple. Dans ce moment, arrivait un bataillon de la grade nationale au bas de la rue de

Tournon ; il était en colonne par pelotons et tenait en largeur plus de la moitié de la rue, déjà encombrée de monde. Cette colonne poussait le peuple et le refoulait sur les deux divisions qui occupaient le haut de la rue ; un moment de très-grand désordre s'ensuivit. La première division de la garde nationale fut forcée par les deux extrémités, mais se remit en cédant un peu de terrain. Si le peuple avait vu sa position comme je la voyais du haut du balcon, il aurait facilement franchi l'obstacle et aurait envahi le palais du Luxembourg, et on ne sait ce qui serait arrivé. Dieu voulut préserver les ministres et éviter un crime aux habitants de la capitale. Après cette bagarre je ne vis plus le général Lafayette.

Cependant l'attaque de l'émeute pouvait réussir, et elle n'échoua même que par hasard. Voilà la position identique de la lutte d'Avignon, le 2 août, avec celle de Paris la veille du jugement des ministres.

Les ministres de la restauration auraient dû, à mon avis, profiter du premier moment favorable pour instruire avec la plus grande publicité sur les événements du deux août à

Avignon. La vérité aurait au moins paru au grand jour et aurait déconcerté les mensonges et les calomnies. Ces ministres étaient tous à cette époque des hommes de la révolution, c'est à eux qu'il faut s'en prendre puisqu'ils étaient les hommes responsables ; mais pour être justes, il faut dire aussi que pour revenir sur le passé de tous les actes révolutionnaires avant et pendant les cent jours et de ceux qui suivirent , la tâche n'aurait pas été facile.

Le pont St.-Esprit , Nîmes , Avignon , Marseille , auraient fourni des matériaux inépuisables et difficiles à mettre en œuvre dans un pays où l'autorité royale était si mal obéie. Les ministres se contentèrent de prendre les informations les plus positives à l'égard des fonctionnaires civils et militaires , et s'étant assurés qu'il n'y avait rien à leur reprocher , ils crurent pouvoir borner là leurs devoirs , ils firent mettre en jugement le colonel Magnier qui commandait à Tarascon en même temps que moi à Avignon , et le colonel Susbielle, qui avait marché avec un détachement contre les insurgés de Grenoble dans l'affaire de Didier. Ces Messieurs furent honorablement acquittés et au moins ils n'ont plus entendu parler de cette affaire. S'il n'avait pas été établi plus clair que le jour aux yeux des ministres, que j'avais fait mon devoir comme commandant supérieur du département de Vaucluse, j'aurais été mis en jugement comme les autres. M. le maréchal Gouvion St.-Cyr était ministre de la guerre à cette époque, il le fut encore en 1817. Les hommes dans ma position n'étaient pas épargnés dans ces temps-là, et si on avait pu trouver le moindre prétexte contre moi, on n'aurait pas manqué d'en profiter. J'ai été employé pendant dix années comme colonel commandant un régiment. J'ai vu plus d'un de mes camarades qui avaient beaucoup plus de crédit que moi, privés de leurs commandements sous divers motifs bien légers, et si j'ai conservé le mien jusqu'à la fin, c'est que je n'ai jamais donné l'ombre d'un prétexte de me remplacer.

J'ai regardé comme la chose la plus regrettable qu'on n'eût pas mis en jugement les autorités d'Avignon; je l'avais demandé, mais on m'avait répondu que l'on ne mettait pas en jugement des gens qui avaient fait leur devoir. Il est vrai cependant de dire qu'il y a eu une instruction criminelle, et si quelque fait avait été révélé dans cette instruction contre quelqu'un autre que les assassins connus, l'on n'aurait pas manqué de les mettre en cause. Cependant, j'ai toujours regretté de n'avoir pas insisté plus fortement et par tous les moyens en mon pouvoir pour le jugement des autorités civiles et militaires. Ce n'est que par ces débats publics qu'une pareille affaire pouvait être éclairée. Mais cette expérience ne m'a pas été inutile.

L'événement malheureux d'Avignon a été pour moi une leçon de haut enseignement. Ma destinée ayant voulu que je me sois trouvé plus tard dans une maison royale dont l'auguste maître périt, selon l'opinion générale, victime d'un assassinat, je ne négligeai aucune mesure pour mettre ma responsabilité à l'abri. J'étais aide-de-camp de service auprès de l'infortuné prince, et quoiqu'il fût bien établi que dans la soirée j'avais quitté le château et qu'au moment où mon malheureux maître périssait à Saint-Leu, j'arrivais à Paris avec un ancien serviteur de Charles X, M. de Cossé-Brissac et ses gens, je n'épargnai aucune démarche pour faire luire le flambeau de la vérité sur un événement si extraordinaire.

Le jugement de la cour royale ne me blessait en rien, au contraire, il établissait qu'il était prouvé que j'étais très-dévoué au prince. J'avais lieu d'être satisfait, mais je savais que l'opinion générale ne l'était pas, et qu'il ne fallait rien moins que le grand jour des débats publics devant la première cour de magistrature du royaume. C'est dans ce but que je le demandai dans un écrit que je publiai dans un temps opportun et que je le réclamai ensuite par une pétition à la chambre des Pairs.

C'est à tort que dans cette circonstance le garde des sceaux dit à la tribune que j'étais peut être l'instrument du parti légitimiste. Je n'étais l'instrument de personne, j'étais de mon parti à moi, je voulais le grand jour et justice pour tous , surtout pour mon infortuné prince.

L'histoire dira que parmi ses fidèles serviteurs il en fut un, au moins, qui réclama cette justice à la face de la France.

PIÈCES JUSTIFICATIVES.

N° 1.

9ᵉ Régiment de Ligne.

Nous Officiers au 9ᵉ Régiment d'Infanterie de Ligne, certifions que M. le Major Lambot emporte tous nos regrets. Nous sommes infiniment peinés que le décret de Sa Majesté sur les officiers supérieurs nommés depuis le 1ᵉʳ avril 1814 lui soit applicable : nous aurions désiré vivement le conserver parmi nous.

Nous certifions en outre que depuis huit mois que nous le connaissons particulièrement, nous n'avons reconnu en lui , dans tous ses discours comme dans ses actions, qu'un Français de tout cœur , bon patriote et excellent citoyen.

En foi de quoi nous lui avons délivré le présent certificat pour lui servir et valoir en ce que de raison.

Toulon , le 31 mai 1815.

Signés : le colonel, Broussier ; les chefs de bataillon Lemaire, Droupy, Lecointre ; les capitaines Lafaige , Fatou , Gatelier , Bonnet , Genty , Lorondeau , Carmillet , Thierry , Parmentier , Hardy , Merle , Aubignac, Hanet, Tenint , Mairet , Gérin , Thirel ; les lieutenants Voisin , Martinet , Lefevre , Serval , Montginllon , Dutaillis , Lucot , Clemendat , Perety , Lioux , Nicollot , Laboissière , Lenoir , Canilbeaux , Darcy , Barvet , Batailles , Borson ; les sous-lieutenants Borini , Boyer, Decarly , Durrieux , Versus , Demus , Gautrat , Guérin.

N.º 2.

CABINET
du
PRÉFET.

—

Avignon , le 21 Août 1815.

Le Préfet du département de Vaucluse ,

A Monsieur le Commandant supérieur du département de Vaucluse.

Monsieur le Commandant ,

Les plaintes les plus fortes me sont portées sur les excès qui se commettent depuis plusieurs jours dans cette ville et dans ses environs ; M. le Procureur du Roi et M. le Maire m'ont fait , à cet égard , les rapports les plus alarmants. Il se passe peu de jours , me disent-ils , sans que des maisons de campagne soient dévastées par une bande de gens armés qui n'éprouvent point de résistance ; d'autres se sont introduits dans plusieurs maisons de cette ville, et sous prétexte de protéger les propriétés qu'ils font menacer par leurs associés , ils en rançonnent les possesseurs. La terreur que ces brigands ont inspiré est telle, que l'on n'ose point me dénoncer les auteurs de ces excès , et par ce moyen la justice se trouve dans l'impuissance de les poursuivre ; cependant , quelques chefs m'ont été signalés , il me paraît indispensable de les faire arrêter ; ce sont les nommés Portannier , dit Pointu , et Nadaud. J'espère que cet exemple fera rentrer les autres coupables dans le devoir ; dans le cas contraire , je prendrais avec vous les mesures nécessaires pour le maintien de la tranquillité dans ce département.

Je suis informé aussi que le nommé Magnian , qui d'un même coup de fusil a tué un homme et une femme sur la place publique de cette ville , et qui fut enlevé par le peuple de la prison où il était enfermé, a l'audace de se montrer ; je vous prie , Monsieur le Commandant , de donner des ordres très-sévères pour qu'il y soit promptement réintégré.

Je laisse à votre prudence, Monsieur le Commandant, le choix des mesures à prendre pour que cette arrestation s'exécute sans que la tranquillité de la ville en soit troublée. Il me paraît indispensable de s'entendre à cet égard avec le commandant des troupes autrichiennes, la force nationale dont nous pouvons disposer ici ne nous offrant aucune garantie ; mais de quelque manière que ce soit, il faut s'assurer de ces trois individus, dont l'impunité attesterait le peu de vigilance et de vigueur des autorités.

Veuillez agréer, Monsieur le Commandant, l'assurance de ma considération distinguée.

B^{on} De St.-CHAMANS.

N° 3.

Avignon, 2 Septembre 1815.

Le Préfet du département de Vaucluse,

A Monsieur le Major Lambot.

Monsieur,

J'ai l'honneur de vous adresser la lettre ci-jointe, comme la meilleure réponse que vous puissiez faire aux fausses accusations dirigées contre vous, et vous autorise à lui donner toute la publicité convenable. Je puis vous dire aussi confidentiellement que le Ministre m'ayant demandé des renseignements sur la conduite que vous avez tenue en cette occasion, je vous ai rendu toute la justice que vous méritez.

Agréez, Monsieur le Major, l'assurance de mon sincère attachement.

Signé : Le B^{on} De St.-CHAMANS.

(58)

N.º 4.

Avignon , 2 Septembre 1815.

Le Préfet du département de Vaucluse ,

*A Monsieur **LAMBOT** , Major du Régiment de Bourbon.*

Monsieur le Major ,

J'ai reçu la lettre du 31 août , par laquelle vous me faites savoir que des menées obscures ont fait entendre à Paris , que dans l'affaire de M. le maréchal Brune , vous n'aviez pas fait tout ce que vous pouviez et deviez pour empêcher ce malheur.

La malveillance seule peut avoir dénaturé vos intentions et dissimulé vos soins et vos efforts dans cette malheureuse journée. J'ai entendu le discours énergique que vous avez adressé au peuple ; j'ai été témoin de toute votre activité pour dissiper l'attroupement et de la volonté ferme que vous avez manifesté de le dissoudre , et je vous dois la justice de déclarer que vous n'avez rien négligé de ce qu'on devait et pouvait attendre d'un brave et loyal militaire. Mais, une populace exaspérée ne voulait rien entendre , et quoique vous eussiez à vos ordres une force en apparence suffisante , la composition de cette force était telle que vous ne pouviez en espérer aucun secours efficace. Toutes ces circonstances réunies ne pouvaient que rendre vains tous vos efforts pour empêcher un événement que nous avions tous voulu prévenir.

Agréez , je vous prie , Monsieur le Major , l'assurance de ma considération la plus distinguée.

Signé : Le B^{on} DE St.-CHAMANS.

N° 5.

Copie d'une lettre adressée à Son Excellence le Maréchal Gouvion St.-Cyr , Ministre de la Guerre.

Monseigneur ,

Monsieur le Major Lambot , qui malheureusement pour lui se trouvait avoir le commandement supérieur du département de Vaucluse et résidait à Avignon , lorsque les troubles de cette ville eurent lieu , et que j'ai eu occasion de connaître particulièrement en Corse , m'a prié d'écrire à Votre Excellence pour lui donner des renseignements positifs sur sa moralité et sa conduite.

Je dois, Monseigneur, pour rendre hommage à la vérité, assurer Votre Excellence que pendant près de six mois que M. Lambot a été sous mes ordres dans la 23e division militaire , j'ai reconnu dans la conduite de cet officier des principes doux et conciliants ; qu'en Corse , où les esprits sont très-violents et où les partis sont prononcés à un tel point qu'il est difficile de les rapprocher , M. Lambot a toujours tenu aux hommes des différents partis le langage de la paix , de l'union , et que pour cela il était bien vu de tout le monde. On ne peut cependant pas inférer de là , que sa conduite ait été l'effet de la faiblesse , attendu qu'il a su montrer beaucoup de fermeté dans les circonstances où cela était nécessaire.

On doit, en conséquence, présumer et même être persuadé que M. le major Lambot aura fait tout ce qu'il a pu pour s'opposer à ce qui s'est fait à Avignon ; mais qu'il lui aura été impossible de l'empêcher.

M. Lambot a d'ailleurs des qualités et des connaissances qui le rendent recommandable.

J'ai l'honneur d'être, avec un profond respect, de Votre Excellence ,

Le Maréchal de camp commandant
le département du Var ,

Signé : B⁰ⁿ DE LAUNAY.

Draguignan , le 9 septembre 1815.

N° 6.

Copie d'une lettre écrite par M. le Maréchal de Camp Comte de Saint-Priest, Gentilhomme de S. A. Royale M.gr le Duc d'Angoulême , à M. le Colonel LAMBOT, rue Saint-Honoré , 341 , à Paris.

Bordeaux , le 29 Décembre 1815.

Monseigneur le Duc d'Angoulême me charge, Monsieur , de répondre à votre lettre du 24 décembre et de vous remercier des détails que vous lui donnez sur les événements d'Avignon. S. A. R. les regarde comme très-fâcheux , en ce qu'ils compromettent l'autorité et font tort dans l'opinion aux habitants du midi. Le Prince me charge de vous dire qu'il compte toujours sur votre dévouement dont vous avez déjà donné tant de preuves , et qu'il félicite la légion des Bouches-du-Rhône de vous avoir pour Lieutenant-Colonel.

Veuillez bien agréer , Monsieur , l'assurance de la considération distinguée avec laquelle j'ai l'honneur d'être.

Signé : Le Maréchal de camp Cᵗᵉ DE St.-PRIEST ,
Gentilhomme d'honneur de S. A. R.

FIN.